§ 182.

RÉPONSE

AUX LIBELLISTES.

Les événemens récens ont fait éclore une multitude d'écrits dont quelques-uns ont obtenu du public un accueil mérité parce que rédigés avec goût, décence et raison, ils présentent des observations judicieuses, et discutent avec sagacité divers articles du droit public; mais c'est le petit nombre. La plupart des brochures dont nous sommes inondés sont dictées par la passion.

Les unes sont des harangues adulatrices dans le genre de celles qu'on adressait au gouvernement qui vient de finir, et qui ont peut-être les mêmes hommes pour auteurs. A qui faut-il accorder estime et confiance, de ceux qui toujours courtisant la puissance, ont encensé tous les partis, ou de ceux qui ont le courage de publier des vérités utiles, au risque et souvent avec la certitude de compromettre leur liberté, et leur repos? car presque toujours la vérité déchire le sein qui l'enfante.

D'autres brochures sont des amplifications

furibondes très-propres à empirer une mauvaise cause, et qui feraient tort à la meilleure. Plusieurs sont dirigées nominativement contre l'ancien évêque de Blois. On regrette de voir dans le nombre de ces écrivains un avocat justement célèbre, qui, après avoir long-temps vécu sur son ancienne réputation, et presque toujours gardé le silence, le rompt tout-à-coup pour mêler à ses argumens des personnalités odieuses contre d'anciens collègues. Comme jurisconsulte, il sait mieux que personne quelle qualification mérite la calomnie. Comme chrétien, il sait quelle réparation impose la conscience. On le dit pieux, ne serait-il que dévot ?

Peut-on espérer de sa part une palinodie en sens inverse de celle qu'il a chantée sur Napoléon, dont il fut l'admirateur ? M. Bergasse, dans ses *Réflexions sur l'Acte constitutionnel du Sénat,* parle des *crimes,* des *projets désastreux de cet homme impitoyable* qui ont causé une *désolation générale.* « La nation, dit-il, « détestait Bonaparte, et les journaux n'étaient « remplis que d'adresses de protestation de « dévouement, etc....... La providence seule a « brisé le trône du plus étonnant despote qui « ait existé sur la terre, etc. etc. » Voyez pag. 2, 3, 6 et 13.

Jusque-là nous sommes de l'avis de M. Ber-

gasse ; mais comment le concilier avec les pas-
sages suivans, qui sont extraits des *Observations préliminaires de M. Bergasse dans
l'affaire de M. le Mercier*, page 15 ? Il disait,
en parlant de Napoléon : « Je remarque ce fait,
« parce qu'il faut aimer ce qu'on ADMIRE, et
« qu'il est temps qu'on sache que la vérité, ce
« besoin des âmes élevées, est d'un si haut prix
« pour le prince qui nous gouverne, que, quel-
« que opinion qu'il pût adopter, il n'en serait
« pas moins disposé à revenir sur ses *pas pour
« peu* qu'on lui fît entrevoir que cette opi-
« nion a *pu* être *préparée par* une erreur. »

Et page xij des Pièces justificatives dans sa
première lettre à l'empereur,

« Votre Majesté a mérité toute sa gloire par
« les sentimens de justice qui l'animent et le
« besoin qu'elle éprouve que sous son règne
« nul ne soit opprimé par ceux auxquels elle
« délègue l'exercice de sa puissance. »

Un opuscule nouveau nous assure que jamais M. Bergasse *n'a fléchi le genou devant
Baal* : l'extrait qu'on vient de lire en est-il la
preuve ? Finissons par une phrase élégante de
notre auteur, page 12 de ses *Réflexions sur
l'Acte constitutionnel*. « Je ne sais, mais il me
« semble qu'en voilà bien assez, etc. »

En 1793, M. Grégoire fut dénoncé au club des Jacobins pour n'avoir pas voté la mort du roi, car on sut que dans la lettre écrite par les quatre commissaires envoyés en Savoie, il avait fait effacer les mots *à mort*. Déjà dans un discours, le 15 novembre 1792, il avait demandé que la peine de mort fût abolie, et que Louis étant le premier à jouir du bénéfice de cette loi, fût *condamné à l'existence*. Aussi les gazettes du temps, et surtout le *Journal des Amis*, n°. 5, du 2 février 1793, p. 197, eurent soin de l'inscrire au nombre des députés qui avaient opiné contre la peine capitale, ce qui n'empêcha pas des libellistes d'imprimer qu'il l'avait votée. Ces hommes, la plupart d'un état très-différent de celui des habitués du club, et qui par là même devaient tenir un autre langage, savaient bien qu'ils mentaient, mais le mensonge leur parut propre à noircir un évêque qui le premier s'était soumis au serment décrété par l'Assemblée Constituante, tandis qu'eux en ont prêté un autre qui ne soutiendra jamais le parallèle avec le premier.

M. Grégoire ayant toujours méprisé cette accusation, divers prélats, en 1801, invitèrent leur collègue M. Moïse, évêque de St.-Claude, à recueillir les faits ; il s'en acquitta, et son rapport justificatif fut inséré par leur ordre dans les *Annales de la Religion*, 8°, Paris, 1801, t. 14, p. 35 et suiv.

En 1810, une explosion de fureur de la part de Napoléon, contre l'auteur des *Ruines de Port-Royal*, fournit aux adulateurs du prince le moment opportun pour signaler leur haine, et ils répétèrent l'imposture détruite. Des amis de l'ancien évêque de Blois suppléèrent à son silence, en réimprimant le rapport fait par M. Moïse, et en y joignant une préface qui mettait dans un plus grand jour l'innocence de l'accusé, dont on avait même interpolé divers écrits, et l'infamie des accusateurs.

Des libellistes nouveaux, parmi lesquels on croit reconnaître des apologistes de l'esclavage des nègres, viennent de se mettre sur les rangs. Plusieurs personnes, que M. Grégoire n'a pas l'avantage de connaître, et auxquelles il offre le tribut mérité de sa reconnaissance, ont pris la peine de les réfuter par des écrits qui associent sa défense personnelle à celle des principes qu'il professe. Le caractère spirituel de ces opuscules forme un contraste parfait avec l'ignoble grossièreté des pamphlétaires. Le dernier agresseur est l'auteur du *Philantrope dévoilé*. Dans ces diatribes, on pourrait recueillir et rapprocher toutes les injures qu'elles contiennent, et y ajouter qu'un homme qui se respecte, se félicite de n'avoir pas de réponse à de tels argu-mens.

L'auteur fournit une occasion nouvelle de rendre témoignage à la vérité, par l'apostrophe suivante qu'il adresse à l'évêque : « Avez-» vous réclamé l'indulgence de vos collègues » pour ces malheureuses victimes de la terreur, » lorsqu'elles étaient entassées sur les pontons » à Rochefort, où on leur laissait à peine res-» pirer l'air extérieur » ? Quelle maladresse ! Précisément l'évêque de Blois fut le seul qui éleva la voix en leur faveur. Lecteurs, ouvrez *le Moniteur* an 3, n°. 81, séance du 18 frimaire : « Telle a été, dit M. Grégoire, la » cruauté exercée contre des prêtres, que » 187 ayant été injustement transportés à Ro-» chefort, ce nombre est réduit à 60 ; les » autres sont morts de mauvais traitemens et » de misère. Si pour mettre un homme en li-» berté, on demandait s'il est procureur, » avocat ou médecin, cette question indigne-» rait, et pour élargir un homme, on demande » s'il est prêtre, etc., etc., etc. Tant que l'on » suivra de tels principes, on n'aura que le » régime des sots, des fripons, etc., etc. » L'affaire renvoyée au comité de sûreté générale, y fut poursuivie par l'évêque qui enfin obtint l'élargissement des malheureux détenus.

Un anonyme (qu'on dit être l'abbé de la Biche, chanoine de Limoges) a publié la *relation* de la captivité de ces prêtres, et sans doute parce que leur bienfaiteur est un évêque assermenté , il a tu soigneusement que c'était à lui qu'ils devaient leur délivrance. Ainsi le mérite de la bonne œuvre n'a pas été atténué par un excès de reconnaissance. Le *Moniteur* supplée à ce silence affecté, et l'auteur du *Philantrope dévoilé*, qui se dit *abonné au Moniteur depuis* 1789, ne lit pas son journal : c'est la seule excuse qu'il puisse alléguer pour échapper à l'inculpation de mauvaise foi.

Une apologie, fût-elle nécessitée par l'aggression la plus inique , est une lecture moins attrayante pour la malignité qu'une satire amère ; mais il est encore des âmes honnêtes qui se plaisent à contempler l'innocence luttant contre le crime : quelques pages de plus à lire ne lasseront pas leur attention.

Si quelque chose a droit de surprendre , ce n'est pas qu'il y ait des libelles contre M. Grégoire , mais qu'il n'y en ait pas un plus grand nombre.

Quelle nuée d'ennemis doit assiéger un homme qui, depuis sa jeunesse , s'est voué à défendre des individus persécutés ou flétris injustement par les lois et l'opinion, juifs, anabaptistes, serfs, agots, nègres, mulâtres, etc.? Soutenir les oprimés, c'est l'infaillible moyen d'irriter les oppresseurs qui ont à-la-fois le pouvoir et la volonté de nuire. Les victimes trouvent rarement des consolateurs, au lieu que les sacrificateurs trouvent toujours des complices. N'est-ce pas Fra-Paolo Sarpi qui disait : « Si la « peste avait des bénéfices et des pensions à « donner, elle aurait des prôneurs? » Par cette raison, la tyrannie n'en manqua jamais : aussi malheur à quiconque aura heurté de front tous les genres de despotisme, et dont l'inflexible persévérance accuse les variations de tant de gens qui, satellites volontaires de tous les astres dominans, en suivent toutes les phases!

D'après sa conscience et un mûr examen, ayant montré l'exemple de la soumission au serment d'*être soumis à la nation, à la loi et au roi*, contre lui s'élevèrent une foule d'individus qui, à la dissidence d'opinion associant des sentimens haineux, accumulèrent sur sa tête des outrages, qu'il leur pardonne, mais auxquels il eût préféré de bons raisonnemens. Ministres des autels ! là où n'est pas la charité, là n'est pas la vérité.

En professant pour le chef auguste de l'église un respect profond et une soumission canonique, il s'efforça toujours de rester sur la limite qui sépare l'autorité légitime de l'abus qu'on peut en faire, limite tracée par la célèbre assemblée du clergé, en 1682. Tous les partisans de ce qu'on appèle *ultramontanisme*, dont le plus grand nombre est actuellement en-deçà des Alpes, enflent dès lors la liste des adversaires d'un homme attaché aux maximes gallicanes.

Admirateur de Port-Royal, qui a rendu des services si éminens à la religion et aux sciences, il a la bonhomie de penser que Pascal, Nicole, Arnaud, Sacy, Tillemont, Le Tourneux, etc., pourraient bien n'être pas damnés, et cette croyance est encore un crime.

Nourri dès l'enfance du lait de la piété, il est *philantrope*: car, d'après l'étymologie de ce mot, ne pas l'être ce serait cesser d'être chrétien ; il veut qu'on ouvre son sein à des frères errans, sans l'ouvrir à l'erreur, et qu'on se montre aussi ardent à leur faire du bien qu'à combattre leurs écrits, lorsqu'ils tendent à ruiner l'édifice de la révélation. Ayant toujours repoussé les tentatives que faisait pour se l'aggréger, une secte très-peu tolérante, quoiqu'elle parle sans cesse de tolérance, il devint odieux aux déclamateurs qui, dans la Convention, lui reprochaient de vouloir christianiser la France ; (1) qui le bafouaient lorsque, le premier

____

(1) V. *Moniteur* an 2, n° 57.

nivôse an 3, il réclamait la liberté du culte (1).
Il s'y était attendu ; mais il savait que parler à
la tribune, c'était parler à la nation, infaillible
moyen d'ébranler l'opinion publique qui n'osait
encore se manifester. Ici s'intercale naturelle-
ment le récit de la séance de la convention, du
17 brumaire an 2, où, au milieu des scandales
de l'apostasie et des vociférations, M. Grégoire eut le courage de proclamer ses sentimens invariables, comme catholique et comme
évêque. On en trouve le détail dans un de ses
ouvrages inédits, dont on va lire l'extrait.

« A cette époque, de toutes parts se manifes-
taient les fureurs de la persécution. »

« Un député, nommé Jacob Dupont, qui est
mort fou, avait préludé à l'état de démence
habituelle en se déclarant athée à la tribune de
la Convention. J'étais alors en mission à Cham-
béry, où j'appris, avec une douleur profonde,
que l'assemblée nationale, loin de flétrir par une
censure sévère cette doctrine désolante et celui
qui la professait, en était devenue complice par
son silence. Gloire à Dieu, qui du mal fait jail-
lir le bien ! La déclaration de Dupont qui retentit dans toute l'Europe, y inspira une juste
horreur ; et divers écrivains, entr'autres miss

---

(1) *Moniteur* an 3, 1er nivose, n°s 93, 94.

Hannah More, s'empressèrent d'exprimer leur indignation. »

« Le vénérable Avoine, évêque de Versailles, étant décédé, quelques mauvais sujets de cette ville saisirent cette occasion pour venir à la Convention demander qu'il ne fût pas remplacé ; peu de temps après , parut à la barre l'évêque de Paris , Gobel, avec plusieurs de ses vicaires. On prétend qu'Anarcharsis Clotz , Chaumette et L........ B........ l'avaient préparé à cette scène par des promesses et par des menaces : ce qu'il y a de certain, c'est que ce L..... B......, le 16 brumaire , c'est-à-dire, la veille de l'événement, dans un discours, tissu d'impiétés grossières, avait annoncé quelque chose d'analogue aux sacriléges du lendemain (1). Néanmoins, huit jours auparavant, dans un entretien avec Gobel sur des matières religieuses, cet évêque m'en avait parlé avec le respect qui leur est dû ; l'accablement de la surprise accrut en moi celui de la douleur, en apprenant sa démarche; je dis en *apprenant*, car j'étais, en ce moment, au comité d'instruction publique. »

« Rentré à la séance, je vois des prêtres catholiques , des ministres protestans monter

______

(1) N° 160, p. 1083 du *Journal des Jacobins.*

successivement à la tribune, pour blasphémer et abjurer leur état : dès le moment de mon arrivée, autour de moi s'étaient agglomérés, comme des furies, une troupe de députés *montagnards*. J'étais très-considéré dans le clergé, et, par cette raison, ils mettaient plus d'intérêt à m'arracher une démarche qui, pour l'impiété, eût été un triomphe. Il faut que tu montes à la tribune..... Et pourquoi ?... Pour renoncer à ton épiscopat, à ton charlatanisme religieux..... Misérables blasphémateurs ! je ne fus jamais un charlatan ; attaché à ma religion, j'en ai prêché les vérités, j'y serai fidèle. Dans l'intervalle, ils crient au président de m'accorder la parole, et le président annonce que j'ai la parole, quoique je ne l'eusse pas demandée ; je m'élance à la tribune : à un épouvantable tapage succède alors un silence général. »

« J'entre ici, n'ayant que des notions très-
« vagues de ce qui s'est passé avant mon arri-
« vée. On me parle de sacrifices à la patrie, j'y
« suis habitué ; s'agit-il d'attachement à la cause
« de la liberté ? j'ai fait mes preuves ; s'agit-il
« du revenu attaché à la qualité d'évêque ? je
« vous l'abandonne sans regret ; s'agit-il de re-
« ligion ? cet article est hors de votre domaine
« et vous n'avez pas le droit de l'attaquer. J'en-
« tends parler de fanatisme, de superstition.....

« Je les ai toujours combattus , mais qu'on dé-
« finisse ces mots , et l'on verra que la supers-
« tition et le fanatisme sont diamétralement op-
«posés à la religion.

« Quant à moi, catholique par conviction et
« par sentiment , prêtre par choix, j'ai été dé-
« signé par le peuple pour être évêque , mais
« ce n'est pas de lui, ni de vous, que je tiens
« ma mission. J'ai consenti à porter le fardeau
« de l'épiscopat dans un temps où il était en-
« touré de peines; on m'a tourmenté pour l'ac-
« cepter, on me tourmente aujourd'hui pour
« faire une abdication qu'on ne m'arrachera
« pas. J'ai tâché de faire du bien dans mon dio-
« cèse , agissant d'après les principes sacrés qui
« me sont chers et que je vous défie de me ra-
« vir ; je reste évêque pour y en faire encore.
« J'invoque la liberté des cultes. »

Ce discours fut interrompu vingt fois ; car,
dès que les persécuteurs s'aperçurent que je
parlais en sens opposé à leurs vues , des rugis-
semens éclatèrent pour étouffer ma voix dont
j'élevais à mesure le diapason , et ces rugisse-
mens se prolongèrent jusqu'à la fin de mon discours. Il faudrait le pinceau de Milton , ac-
coutumé à peindre le spectacle des démons ,
pour rendre cette scène.

Descendu de la tribune , je retourne à ma

place. On s'éloigne de moi , comme d'un pestiféré; si je tourne la tête, je vois des regards furibonds dirigés sur moi..... sur moi , pleuvent les menaces , les injures.

Accablé à l'aspect des outrages faits à la religion, plus encore de ceux que ces événemens lui présageaient , j'éprouvais toutefois une douce satisfaction d'avoir bravé cet orage , je remerciai Dieu d'avoir soutenu ma faiblesse et de m'avoir donné la force de confesser Jésus-Christ. La séance finie , je me traîne chez moi; et persuadé que mon discours improvisé ne pouvait échapper à l'histoire , je m'empressai de le confier au papier. »

Je déclare qu'en le prononçant, j'avais cru prononcer mon arrêt de mort. Pendant dix-huit mois, je me suis attendu à l'échafaud , et l'on conçoit que j'ai dû m'arranger en conséquence.

Comment la gazette intitulée *Feuille du salut public* a-t-elle pu dire que la Convention applaudit à ma résolution de rester évêque, tandis que des cris de rage s'élevèrent de toutes parts? Les persécuteurs se croyaient intéressés à ce que mon discours ne fût pas mentionné dans les gazettes, ou qu'il y fût dénaturé. Par là s'explique le silence affecté de quelques journalistes sur ce discours, et la manière dont plusieurs autres (même le *Moniteur*) le travestirent. Mais pres-

(15)

que tous ils avouent que je refusai ma démission,
et que je me déclarai intrépidement attaché à la
religion. Voilà, du moins, les deux faits essen-
tiels. Des récits infidèles avaient momentané-
ment induit en erreur sur cet article le rédacteur
des *Nouvelles ecclésiastiques*, (M. Mouton),
qui, détrompé, m'en témoigna ses regrets. Cet
événement retentit jusque dans les contrées
étrangères, d'où je reçus des félicitations ; et
quoique alors les calamités de la guerre eus-
sent ajouté entre l'Angleterre et la France
des barrières nouvelles à celles de l'Océan,
dans l'*Annual Register* de 1793 fut inséré, à
cette occasion un éloge de l'évêque de Blois,
qui assurément ne s'y attendait pas (1). Il fut
ensuite répété dans divers écrits, tels que les
Biographical Anecdotes, et un autre ouvrage
du même genre qui a paru en 1798 (2). Plus
de cinq cents témoins, encore vivans, atteste-
raient, au besoin, ma conduite dans cette cir-
constance. »

« Le soir même de cette fameuse journée, une
autre scène eut lieu au comité d'instruction
publique. Des membres, débutant par une di-
gression étrangère à l'objet de nos travaux,

____

(1) V. p. 201 et 202.

(2) V. *Recueil d'anecdotes, etc., sur les Personnages
les plus marquans de la révolution,* in-8°, Paris, 1798.

exprimèrent leurs regrets de ce qu'à la séance de la Convention j'avais, par mon discours, comprimé, disaient-ils, l'élan de l'opinion publique contre le *fanatisme;* on se doute bien quelle fut ma réponse. Le député F....., dans une autre séance du comité, m'apostrophait par ces mots : *ton infâme religion*, etc. « Quelle que « soit, lui dis-je, votre manière de penser, je ne « la qualifierai jamais avec des termes qui vous « outragent, ni qui blessent votre liberté de « penser. » J'avais oublié cette anecdote, que l'estimable Baudin a consignée dans son ouvrage intitulé : *du Fanatisme et des Cultes* (1). »

« Ce soir encore, et les jours suivans, ma demeure fut, pour ainsi dire, assiégée d'émissaires et de bandits, dont les uns étaient et les autres n'étaient pas membres de la Convention, mais tous envoyés pour m'arracher, par promesses ou par menaces, un acte quelconque qu pût atténuer l'effet de ma résistance publique ; et le 21 brumaire, à tous les coins des rues de Paris était affiché un placard, sous ce titre : *Un mot à l'évêque Grégoire.* L'auteur me reproche « d'avoir refusé de rendre hommage à « la raison, de m'être opposé aux apostasies et

______

(1) V. *du Fanatisme des Cultes,* par Baudin, représentant du peuple, in-8°, Paris, an 3 ; p. 9 et surtout p. 20.

« aux démissions ; il me rend responsable en-
« vers la nation de la prolongation de son éga-
« rement. » On sait qu'à cette époque un article
de cette nature était une espèce de proscription.
Je garde soigneusement un exemplaire de cette
affiche. »

« Voilà l'historique exact de cette horrible
scène. Plusieurs de ceux qui en furent les cri-
minels apologistes, et qui auraient eu honte de
me parler alors, ont ensuite préconisé ma résistance ; elle l'a été également et invariablement
par d'autres, qu'on n'accusera pas d'excès de
piété. »

Une réunion assez bizarre de partisans du
despotisme, de l'ultramontanisme, de l'ignorance, de planteurs des colonies, de dissidens
au serment et d'incrédules, compose la phalange
des ennemis de M. Grégoire, à laquelle on pourrait, comme dans l'Évangile, appliquer le nom
de *légion* (1), mais en exceptant de toutes ces
classes une portion d'êtres estimables et paisibles.

Un Anglais a dit : « Les prêtres sont comme
« le feu et l'eau : rien de si utile, rien de si dan-
« gereux...... » Dangereux, si leur conduite est
désordonnée ; utiles, si par leurs mœurs ils ho-
norent leur état. M. Grégoire lui-même a im-

______

(1) Marc. 5, 9. Luc. 8, 30 et 36.

primé quelque part, que rien n'est pire qu'une mauvaise femme et un mauvais prêtre. Il faut avouer, mais non sans douleur, que le plus méchant est encore le dernier, auquel on peut associer les dévots, qui sont à la piété ce que la fièvre est à la santé.

En combinant des hostilités contre un homme dont la probité, les mœurs et la générosité d'âme défient la médisance, et à qui le public tient compte de quelques efforts pour servir la religion, la liberté et les arts; quel sera le plan d'attaque ?

La police du dernier gouvernement avait des ressources auxquelles on ne peut recourir. Voulait-on, par exemple, obtenir du sénat une levée nouvelle de conscrits, ou quelque autre mesure désastreuse, on s'efforçait d'intimider certains sénateurs peu complaisans pour la cour, en faisant débiter qu'ils étaient, ou que bientôt ils seraient à Vincennes. Le nom de M. Grégoire figurait toujours sur ces listes comme sur celles des prétendues conspirations. Cette tactique est un peu discréditée, vu surtout que la conspiration très-réelle ourdie dernièrement dans toute la France pour demander qu'il n'y ait pas de constitution, est justement appréciée.

Quoique le *Moniteur* fût le seul journal avoué comme officiel, tous l'étaient par le fait. Tou-

jours ouverts aux inculpations contre les individus qu'on voulait proscrire, et jamais à leur
apologie, ils servaient de véhicule aux diffama-
tions. A Londres même, dit-on, un journal, payé
chèrement, s'écrivait sous la dictée de Paris, et
des articles rédigés aux Tuileries s'imprimaient
sur les bords de la Tamise. L'artillerie des gazettes jouait un grand rôle dans le gouvernement de Buonaparte. C'est un moyen dont se
sont faits légataires certaines gens, qui, voulant
être les régulateurs de l'opinion, se sont dit :
« La liberté de la presse a été proclamée de
« nouveau (elle l'était aussi sous Napoléon, et
« comme de son temps, une censure nouvelle
« en a remplacé une autre). Depuis cette pro-
« clamation réitérée, on a interdit aux feuilles
« publiques de rendre compte des ouvrages re-
« latifs à notre situation politique; mais inci-
« demment nous y glisserons l'éloge de ceux qui
« prêchent notre doctrine (1). Parmi ces feuilles,
« il en est qui, très - peu répandues à Paris, le
« sont beaucoup dans les départemens; nous y
« déposerons des diatribes virulentes contre
« des hommes estimables, que nous voulons
« couvrir d'opprobre. N'avons-nous pas encore
« la ressource inépuisable des libelles, que nous

____

(1) V. dans le *Journal des Débats*, 12 mai, ce qui con-
cerne M. Bergasse.

« ferons colporter dans toute la France, avec
« recommandation expresse à nos affidés de les
« réimprimer ? Et si, dans quelque ville, par
« exemple à Cosne, à Rennes, etc. des patriotes
« s'avisent de les brûler, ailleurs peut-être les
« lecteurs seront moins revèches. »

Laubardemont assurait que, dans une ligne
la plus indifférente, il trouverait un corps de
délit suffisant pour faire périr celui qui l'aurait
écrite. A plus forte raison dans les ouvrages
assez nombreux d'un homme qu'absolument il
faut perdre, trouverons-nous des matériaux
suffisans pour le dénigrer : mutilons ses périodes,
dénaturons ses idées, empoisonnons ses inten-
tions. Vainement on nous assure que divers
écrits publiés sous son nom lui sont faussement
attribués ; que d'autres ont été imprimés sans
son aveu ; que d'autres, enfin, ont été altérés,
parce que trop occupé pour en corriger les
épreuves, et surtout trop confiant, il char-
geait de ce travail des commis de bureau dont
la tête était effervescente à l'époqne où tous les
potentats de l'Europe étaient ligués contre la
France. Ces correcteurs infidèles y ont inséré des
phrases qui ne sont pas de lui, que son cœur et
ses principes désavouent : mais que nous importe?

Calomnions, et quoiqu'il en guérisse,
On en verra du moins la cicatrice.

S'agit-il de liberté politique? nous en ferons un séditieux.

Parle-t-on des nègres? nous crierons que la société des *Amis des Noirs*, et lui surtout, ont voulu brusquer l'affranchissement général, quoique ses écrits déposent du contraire.

On assure qu'il a une conscience timorée, nous le déclarerons hypocrite ou hérétique. La répétition des mensonges tiendra lieu de preuves. Les individus qui examinent, sont en si petit nombre, comparativement à ceux qui assurent! N'a-t-on pas cru long-temps sur la foi de Voltaire, que Caveyrac avait fait l'éloge de la Saint-Barthelemi, quoique l'ouvrage de cet ecclésiastique démentît l'imputation jusqu'à l'é-vidence?

Les hommes ont ordinairement plus de propension à jalouser, à haïr, qu'à aimer, puisque les succès qui élèvent un de leurs semblables, intéressent moins que les catastrophes qui le précipitent. L'amour-propre jouit, en voyant humilier ceux dont on convoite les places, ou dont on conteste le mérite.

Un général d'armée à qui on parlait avec mépris de ses espions, répondait : Trouvez-moi un honnête homme qui veuille faire ce métier! Et cependant ce métier est encore moins avilissant que celui du libelliste, qui réunit le triple caractère de la calomnie, de la lâcheté, de la cruauté. Heureusement, par cette raison même, le poison se neutralise en ses mains. Un libelliste ne peut flétrir une réputation, qu'en donnant des éloges.

Les faits récens sont, dit-on, le domaine de l'adulation ou de la satire. Ici on exalte jusqu'au ciel celui qu'ailleurs on précipite en enfer, quoiqu'il ne soit ni un saint, ni un démon. Citez-nous un homme public qui ait échappé aux poignards de la calomnie. Quand on voit Bossuet accusé par Voltaire, de s'être marié, et par Fénélon, d'avoir révélé un secret non moins sacré que la confession, l'individu placé sur une ligne très-inférieure pourrait-il se croire à l'abri des atteintes?

Cependant ce malheur n'est pas sans compensation. N'est-ce rien, que d'avoir un moyen sûr de discerner les vrais des faux amis, d'avoir un stimulant de plus pour se conduire de manière à faire rougir les imposteurs, si toutefois ils en sont capables? Au surplus, quand, dans les événemens particuliers de la vie, comme dans les révolutions des empires, on entrevoit une main céleste qui dirige tout; quand, par de-là les bornes de la vie, on rattache ses espérances à un ordre de choses où tout cri cessera, où toute larme sera essuyée, où la vérité triomphante resplendira de tout son lustre, les attaques des pervers n'empêchent pas d'incliner tranquillement la tête sur son lit. Une conscience droite est un si doux oreiller !

M. Grégoire, déchiré (faut-il dire avec fureur ? cette expression est assurément très-modérée), consent volontiers à ce que cette fureur redoublée épuise sur lui tous ses traits, si par-là il peut y soustraire le clergé assermenté, menacé de nouveaux tourmens par des êtres implacables qui se disent ministres d'un Dieu de paix. Après le triage fait par la persécution la plus féroce dont le dix-huitième siècle ait conservé le souvenir, il était si pur, si respectable ce clergé sans lequel peut-être le christianisme eût été exilé de la France. La politique, d'une part ; de l'autre, l'ignorance et la haine ont méconnu ou plutôt voulu méconnaître cette vérité ; mais l'histoire, dont il est l'honorable créancier , lui rendra une justice tardive, malgré les efforts de certains hommes pour transmettre à la postérité leurs préventions et leur vengeance (1). Il en sera de ce serment

____

(1) Voy. le mandement du chapitre de Paris, 20 mai 1814, p. 4, qui sonne le tocsin contre le clergé assermenté. *Viam pacis non cognoverunt ; non est timor Dei ante oculos eorum.* Psalm. 15, v. 93. Si cet acte d'hostilité n'est pas réprimé, tenez pour certain qu'il est le signal convenu d'une persécution nouvelle.

comme de celui d'allégeance, que Jacques I.ᵉʳ d'Angleterre exigea, en 1606, des catholiques de ses etats. Rome lança ses foudres contre l'ar-chiprêtre Blackwel et tous les ecclésiastiques qui l'avaient prêté. Qu'est-il arrivé cependant ? C'est que Bossuet, Holden, Beraut - Bercas-tel, etc. les universités catholiques ont reconnu que ce serment ne blessait aucunement la foi ; et actuellement, au vu et su de Rome, les catho-liques britanniques, sans scrupule, en prêtent un plus strict que celui qu'on frappait d'anathème il y a deux siècles.

M. Grégoire, persécuté sous la Convention pour ses sentimens religieux, l'a été sous Na-poléon à cause de son aversion contre la tyran-nie : serait-il destiné à l'être encore pour l'une et l'autre cause ? Il aspire à mériter l'estime et non à obtenir des faveurs. Il se croit en état de pardonner plus d'outrages qu'on ne peut lui en faire ; et comme l'a dit un de ses défenseurs : au sein de la religion, des lettres et de l'amitié, il se console des persécutions passées, présentes et *futures*.

PARIS, DE L'IMPRIMERIE D'ADRIEN ÉGRON,
rue des Noyers, n° 37.